H
PR

Esperanza y Fe en el libro de Hebreos

REVISADA Y AMPLIADA. *PUBLICADO ANTERIORMENTE COMO TU HISTORIA DE FE*

VANESSA GRACIA CRUZ

Publicado por Maven House Publishing 2026

TABLA DE CONTENIDO

Sosteniendo Promesas en Manos Cansadas

"Aferrémonos sin fluctuar a la esperanza que profesamos, porque fiel es el que prometió."
Hebreos 10:23 (RVA 1960)

Han pasado seis años desde que fui cautivada por primera vez por el libro de Hebreos. Era el punto más alto de la pandemia, una temporada que creo que todos recordamos demasiado bien. En mi caso, recuerdo ese año porque, además de las búsquedas frenéticas de papel higiénico y desinfectante, lo pasé enterrada en pañales, con un bebé en cada brazo en todo momento. Estaba en el posparto con mellizas, mis bebés arcoíris.

Si has escuchado mi historia, tal vez sabes que mi camino hacia la maternidad estuvo marcado por la espera, la infertilidad y múltiples pérdidas. Las mellizas que sostenía en mis brazos mientras escribía la primera versión de este libro, cuyo cabello ahora cae por sus espaldas y que pueden leer, hablar y volverme loca, fueron el resultado de años luchando en mi fe. Pasé mucho tiempo preguntándome si Dios realmente me había hecho una promesa, o si yo misma me había convencido de creer una fantasía.

Tener a mi hijo Levi en el 2019, seguido por gemelas exactamente 14 meses después, fue milagroso y caótico a la vez. Fue el tipo de cosa que solo Dios podría idear: esta mujer que antes era infértil ahora miraba hacia atrás al año anterior, dándose cuenta de que lo había comenzado embarazada de un hijo y lo había terminado embarazada de dos más. Estaba asombrada y agradecida. Pero también estaba sufriendo depresión posparto, y no lo sabía.

Probablemente estás pensando lo mismo que yo pensé en ese momento: no tiene sentido. ¿Por qué el milagro que oré recibir vino acompañado de una lucha? ¿No se suponía que estaba entrando en una temporada de contentamiento y gozo? Esta historia sería más sencilla y fácil de digerir si solo contara la parte en la que le pedí a Dios bebés y los recibí. A veces me siento tentada a proteger la reputación de Dios dejando fuera la tristeza incómoda y debilitante que marcó la temporada siguiente. Sería un testimonio más fácil de contar, pero no sería real.

La historia real es que mientras escribía la primera versión de este libro, lloraba con frecuencia sin saber por qué. A veces me costaba levantarme de la cama y alimentar a mis bebés. Me sentaba sola, pidiéndole ayuda al Espíritu Santo, porque ni siquiera sabía qué orar. Me aislé y tardé demasiado en pedir ayuda. Y no llegué a entender realmente lo que había sucedido hasta meses después de que el libro fue publicado, y la conferencia que lo lanzó ya era solo una colección de recuerdos en nuestros teléfonos. Por eso lo estoy revisando.

Para ser clara, no estoy regresando al texto porque desconfíe de lo que escribí o sienta la necesidad de corregirlo. Respaldo cada palabra que nació en esa temporada, porque cada una fue una ofrenda de lágrimas, tiempo y esfuerzo cuando yo estaba completamente al final de mí misma. Mi dependencia desesperada del Espíritu Santo en esa temporada me llevó a sumergirme en Hebreos, el libro de la esperanza y la fe, de una manera que yo necesitaba incluso más que mis lectores. Al final, las palabras no eran mías, sino un reflejo de Su Palabra.

A lo largo de los años, me he maravillado de la bondad de Dios mientras mujeres de toda Latinoamérica me han contado sus historias, y cómo este estudio les ha recordado cuál es el ancla de su fe. Sé que esa debe ser la razón por la que el Espíritu Santo me pidió escribirlo en un momento tan delicado. Creo que Él me inspiró a escribirlo porque estaba pensando en ti. También creo que sabía que, mientras escribía, yo también recibiría el mensaje que tanto necesitaba. Así que no lo estoy reescribiendo porque crea que me equivoqué. Lo estoy ampliando porque, a medida que partes de la historia se fueron desarrollando y aclarando para mí, también creció mi entendimiento del sufrimiento, del dolor y de lo que creo que es el punto central de este estudio: la esperanza.

No tiene sentido desde la lógica humana, pero pasar de una prueba de mi fe a otra en tan poco tiempo no destruyó mi esperanza; la profundizó. Es un fenómeno extraño, pero sé que cualquiera que haya estado al borde de su fe lo ha experimentado. Elegí estudiar Hebreos para estar más anclada en mi fe. En el proceso, mi entendimiento creció, y ahora tengo más que compartir.

La lección más importante que aprendí se refleja en la expansión de este estudio: que ninguna historia real de fe puede cerrarse perfectamente con un "y vivieron felices para siempre." Mientras estemos en esta tierra, nuestros caminos consistirán en cumbres y valles, guerras y victorias. En el Salmo 23, por ejemplo, vemos que los delicados pastos a menudo son seguidos inmediatamente por valles de sombra.

La única constante es Aquel que prometió. Hebreos 10:23 dice: *"Aferrémonos sin fluctuar a la esperanza que profesamos, porque fiel es el que prometió."* Ya sea que estés en una temporada de victoria o, como me ha sucedido muchas veces, en lo que parece una temporada de pérdida tras pérdida, la Palabra nos anima a aferrarnos firmemente a nuestra esperanza. No porque veamos una salida, ni siquiera porque tengamos señales lógicas o hechos que nos animen, sino porque fiel es el que prometió.

La esperanza es la capacidad de imaginar un futuro diferente al pasado que hemos visto. Es el superpoder que Dios ha puesto en Sus hijos: la capacidad de creer que las cosas mejorarán. Puede que no sepamos cómo; puede que no tengamos evidencia empírica que lo respalde. Simplemente sabemos que Dios lo prometió, y sabemos que Él es fiel. Cuanto más convencida estés de Su fidelidad, menos necesitarás corroboración circunstancial para atravesar momentos difíciles. Se vuelve algo muy sencillo: si Dios dijo que hay algo por lo cual esperar, entonces tengo algo a lo cual aferrarme, porque Él no miente. Así, ese agarre terco, inquebrantable, que a veces parece hasta loco, que mantenemos sobre la esperanza no es necedad ni desesperación. Es una confianza legítima en la fuente más confiable de seguridad en el universo: Jesucristo.

Viendo el Arcoíris

Comencé a mirar nuevamente este libro porque, por primera vez desde el 2020, nuestra conferencia anual de mujeres vuelve a tener un versículo de Hebreos como centro. Mientras oraba por el tema de este año, el Señor me mostró un arcoíris y me llevó a Génesis 9, la historia de Noé. Noé también es mencionado en lo que muchos creyentes llaman el "Salón de la Fama de la Fe" - Hebreos 11. Tal vez recuerdas la historia de Noé de la escuela dominical. Pero por si la has olvidado, te recordaré que la esperanza y la fe de Noé fueron probadas a través de una tormenta terrible.

Cuando el Señor emite juicio sobre la maldad de la humanidad, hace que llueva durante 40 días y 40 noches. Noé y su familia son salvados porque Dios le advirtió del diluvio y le dio instrucciones para construir un arca como recompensa por su justicia. Aunque estaría a salvo, el diluvio no fue nada fácil para Noé. Le hizo perder a muchos conocidos y cambió completamente su mundo. Al final, el Señor coloca un arcoíris en el cielo y le dice que el arcoíris representa la promesa de Dios a Noé y a su familia, una señal de esperanza.

El arcoíris fue un recordatorio físico de que el futuro puede ser mejor que el pasado... esperanza. Solo porque un diluvio destruyó todo, no significa que todo estará siempre destinado a la destrucción. En Romanos se nos enseña a gozarnos en la esperanza (Romanos 12:12). El gozo y la esperanza van de la mano porque son el resultado de mirar hacia el futuro y entender que lo que te destruyó no volverá a destruirte. Como Noé, después del diluvio, reconstruirás, y lo que viene será mejor que lo que fue.

Para quienes hemos experimentado lo que es vivir tormentas una tras otra, la esperanza no siempre es fácil. Nada golpea la esperanza como mirar por la ventana y no poder ver más allá de la tormenta. Si la esperanza es la capacidad de imaginar que las cosas mejorarán, imagina lo difícil que debió ser para Noé mirar hacia afuera y ver incluso las montañas sumergidas bajo la tormenta. Yo habría tenido tantas preguntas. *¿Volverán los árboles a ser iguales? Incluso si la tormenta termina, ¿cómo saldremos del arca? ¿Podremos sembrar? ¿Dónde vamos a vivir?*

También me he preguntado si Noé alguna vez se cuestionó por qué tuvo que vivir el diluvio en primer lugar. Después de todo, la Biblia dice que era un hombre justo. *¿Se preguntó, como muchos de nosotros en circunstancias difíciles, por qué Dios no eligió otra manera? ¿Por qué esto, Dios? ¿Por qué hacer que Noé construyera, sudara, invirtiera, se preparara, soportara críticas y perdiera amigos solo para cumplir Tu plan? ¿No había otras maneras de purificar la tierra? Si Dios es tan poderoso, ¿por qué tenemos que ser incomodados y, a veces, devastados para que Su plan se revele?* A veces es difícil tener esperanza porque no podemos entender cómo Aquel que prometió puede ser fiel y aun así permitirnos vivir la tormenta.

La esperanza es más difícil cuando no puedes darle sentido a lo que sucede. Sin embargo, Dios nunca nos pide que lo entendamos (probablemente porque simplemente no tenemos la capacidad). Solo nos pide confiar en que, aun cuando las cosas no tienen sentido, Él sigue siendo fiel. La Escritura enseña una y otra vez que el amor de Dios por nosotros no significa que no enfrentaremos tormentas, pérdida, traición, duelo y todo tipo de dolor. Esas cosas están tan profundamente marcadas en la experiencia humana que incluso Jesús, Dios mismo, las y otra vez que el amor de Dios por nosotros no significa que no enfrentaremos tormentas, pérdida, traición, duelo y todo tipo de dolor. Esas cosas están tan profundamente marcadas en la experiencia humana que incluso Jesús, Dios mismo, las soportó todas. El Padre no le dio a Jesús una "tarjeta para evitar el sufrimiento gratis," así como tampoco me dio una a mí.

Sin embargo, Jesús soportó el sufrimiento, como dice Hebreos 12:2, *"por el gozo puesto delante de Él."* En otras palabras, Jesús tomó el sufrimiento y la vergüenza de la cruz porque Sus ojos estaban puestos en la promesa. Una promesa que nunca fue que no habría sufrimiento, sino que después del sufrimiento habría bien (1 Pedro 5:10; Romanos 8:28).

Además, El Padre dice en Génesis 9 que el arcoíris no solo sirve como recordatorio para el hombre, sino como recordatorio para Dios mismo de la promesa que hizo. El hecho de que Dios tomara tiempo para establecer un recordatorio no solo para nosotros, sino para Él mismo, es en sí mismo prueba de Su increíble fidelidad. Muestra que Su promesa no es importante solo para nosotros porque la necesitamos, sino también para Él, porque tiene la intención de cumplirla.

Tiene un nivel adicional de dulzura para mí porque a los bebés que nacen de una madre que ha sufrido pérdidas se les suele llamar "bebés arcoíris." Cuando miro a los cuatro hijos que tengo ahora, recuerdo por qué valió la pena esperar. Porque incluso mientras estaba en medio de mi tormenta más difícil, Dios ya había visto mis arcoíris, y estaba haciendo todo lo necesario para asegurarse de que yo también los vería. Eso es lo que significa saber que fiel es el que prometió.

El libro de Hebreos está lleno de lecciones sobre por qué y cómo mantener nuestros ojos en Sus promesas, y por eso sentí un deseo tan fuerte de reintroducir este estudio. Estoy actuando en obediencia y esperando que, como tantas veces ocurre, las historias que regresen a mí confirmen lo oportuno de este momento. Algunos capítulos han sido ampliados para incluir nuevas experiencias y lecciones que he aprendido. Otros, han sido completamente re-escritas.

A lo largo de todo, mi oración es que esta obra sea un arcoíris para ti, un recordatorio de que la promesa de Dios para ti es real, y que Él la recuerda. Cada vez que las nubes de tormentas pasadas intenten desanimarte, levanta la mirada y mira hacia Su Palabra. La evidencia de Su fidelidad nunca está lejos, y esa es toda la evidencia que realmente necesitaremos.

Con amor y esperanza,

Vanessa García Cruz

Hebreos:

Esperanza, Promesa y Nuestro Arcoíris, Jesús

El Libro de Hebreos

Autor:

Desconocido.

El autor de Hebreos no está identificado. Sin embargo, se cree que fue alguien que se convirtió en creyente después de que Jesús ascendiera al Cielo y que no lo vio en la carne, ya que en Hebreos 2:3 dice que recibió el mensaje de "los que oyeron" a Jesús directamente.

Escrito para:

El pueblo hebreo en un tiempo en que su esperanza y su fe estaban debilitándose.

Propósito:

El libro de Hebreos une el Antiguo y el Nuevo Testamento. Nos enseña cómo Jesús cumple la ley y completa el Antiguo Pacto entre Dios y Su pueblo, otorgando una nueva promesa.

Fecha aproximada:

67-68 D.C.

Durante el dominio del Imperio Romano, en un tiempo de gran persecución para los cristianos. Después de que Jesús fue crucificado y ascendió al cielo, pero antes de la caída de Jerusalén y la destrucción del templo por el Imperio Romano.

Cuando pensamos en esperanza, fe, y en esperar una promesa, no hay mejor ejemplo que el pueblo hebreo. Durante cientos de años vivieron bajo la ley, sufrieron bajo reyes y jueces, y lucharon con Dios mientras esperaban lo que Él les había prometido. Proverbios enseña que tanta espera enferma el corazón (Proverbios 13:12), y para el momento en que los hebreos recibieron la promesa de un Salvador, muchos de ellos tenían el corazón demasiado agotado de esperanza como para creer que esa promesa se estaba cumpliendo. Hebreos es el discurso de ánimo de Dios para esas almas cansadas. Es un recordatorio de perseverar y permanecer anclados en la esperanza.

Al volver a recorrer este estudio, con Noé y las promesas de Dios en mente, me doy cuenta de que Jesús es nuestro arcoíris. Él es nuestra prueba de que Dios se acuerda de nosotros y que, aunque no lo merezcamos, siempre hay esperanza. Jesús es a quien miramos y somos reafirmados de que las cosas viejas han pasado, y que cosas nuevas están por venir. Somos infinitamente más bendecidos que Noé (y que las personas del Antiguo Testamento) porque nuestro arcoíris vive y respira. Él intercede por nosotros y obra milagros a nuestro favor. Es aún más que un símbolo hermoso; Él hace posible la esperanza.

Esto no fue fácil de aceptar para el pueblo hebreo. Estaban cómodos con lo que la Palabra llama el "Antiguo Pacto." El pacto del Antiguo Testamento era la promesa de Dios de no destruirlos mientras obedecieran la ley. El juicio era severo, y muchos no podían cumplirla. Así que Dios, en Su bondad, ideó una manera de cerrar la brecha entre Él y Su pueblo. Esta es la nueva promesa. Bajo el Nuevo Pacto, Jesús cumplió la ley por nosotros. Ya no tendríamos que ganarnos nuestra esperanza ni una relación con Dios. Jesús es nuestra esperanza, y por medio de Él, la conexión con Dios es gratuita si creemos en Él. La vida, muerte y resurrección de Jesús pagaron el precio que antes era tan difícil de pagar.

Esta era la mejor noticia que los hebreos pudieron haber recibido. Pero no parecía alinearse con la realidad que estaban viviendo. El imperio de Roma seguía en el poder. Los problemas seguían presentes. El dolor seguía siendo real. Jesús había dicho en la cruz, "Consumado es," pero ciertamente el proceso no parecía completarse Estaban soportando maltrato público e intimidación. Con cada día que pasaba, la promesa parecía más lejana en lugar de más cercana. Estaban cansados y agotados de creer, y muchos regresaban al Antiguo Pacto porque se sentía más seguro. Como muchos de nosotros, cuando la promesa parece improbable, la esperanza y la fe pueden sentirse como un precio demasiado alto para pagar. Es más fácil dejar de creer lo que Dios ha dicho y comenzar a prepararse para la decepción. Así es como muere la esperanza. Y cuando la esperanza muere, la fe pronto la sigue. La fuerza comienza a marchitarse, y el gozo desaparece.

Este es el lugar donde se encontraban los hebreos: teniendo que decidir si seguir adelante o retroceder. Y tú, amiga mía, puedes estar en el mismo lugar. Cuando se presenta en términos como "Antiguo y Nuevo Pacto," puede parecer complejo. Pero en última instancia, la decisión que tenían que tomar era sencilla (aunque no fácil). Es la decisión que tú y yo tenemos que tomar cada vez que parece que lo que Dios está diciendo está en desacuerdo con lo que estamos viendo y con lo que creemos saber: ¿Realmente creo en las promesas de Dios?

En Génesis 9, cuando Dios presenta Su nueva promesa, el arcoíris, al mundo, me pareció interesante que dijera lo siguiente:

"Cuando traiga nubes sobre la tierra y se vea el arco en las nubes, me acordaré del pacto que hay entre yo y vosotros y todo ser viviente."
(Génesis 9:14-15)

Al hacer un pacto de no volver a inundar la tierra, Dios también nos recuerda que eso no significa que no veremos nubes. Es un recordatorio sutil de que lo que vemos, nuestras circunstancias, no siempre refleja lo que Dios nos ha dicho. A veces miraremos hacia arriba y veremos nubes, y nuestros corazones y sistemas nerviosos reaccionarán recordando inundaciones pasadas. En esos momentos, tendremos que decidir creer que Dios recordará Su pacto.

Para mí, este es el tema principal del libro de Hebreos. Si realmente creemos lo que Dios ha dicho, entonces no hay razón para perder la esperanza ni vacilar en nuestra fe. Si estamos dispuestas a tomarle la palabra, entonces, la esperanza, el gozo y la fuerza son las únicas opciones lógicas. Si la promesa de Dios es segura, entonces hay una razón para resistir, una razón para mantener la fe. Si hay algo que he aprendido de mis luchas, es que sí lo hay. Pero si aún no estás segura, no te preocupes. A mí me tomó tiempo llegar allí. Estudiar el libro de Hebreos fue una de las cosas que me ayudó. Con cariño le llamo a Hebreos el libro de la esperanza. Quizás otros han dicho lo mismo, porque estoy segura de que no soy la única que ha descubierto que Hebreos es como una infusión intravenosa de esperanza en las venas. Así que, si te sientes cansada, acércate. Hebreos 4:12 nos recuerda que *"la palabra de Dios es viva y eficaz, y más cortante que toda espada de dos filos; penetra hasta partir el alma y el espíritu, las coyunturas y los tuétanos, y discierne los pensamientos y las intenciones del corazón."*

Su Palabra está viva. Por eso podemos volver a un libro como Hebreos años después y descubrir que, aunque las palabras no han cambiado, su efecto es diferente. Su Palabra viva y eficaz satisface las necesidades que tenemos en el presente, moldeándose y adaptándose como solo ella puede hacerlo. Esto significa que, sin importar dónde te encuentres en este camino de esperanza, la Palabra de Dios es el mejor lugar para comenzar. Mientras recorremos Hebreos, oro que empieces a ver arcoíris a tu alrededor.

Antes de comenzar, reflexionemos:

¿Dónde me encuentro hoy cuando se trata de la esperanza y de confiar en las promesas de Dios?

Cuando miro mis circunstancias, ¿puedo ver el arcoíris - el recordatorio de Sus promesas- o se sienten lejanas y fuera de mi alcance?

Antes de comenzar, reflexionemos:

¿Me resulta difícil confiar en Dios en este momento? ¿Cómo se refleja eso en mi actitud? ¿Estoy viviendo con esperanza o con temor?

¿Qué anhela mi corazón que Dios despierte en mí a través de este estudio?

Capítulo I

La Mayor Promesa Jamás Cumplida

Escritura:
Hebreos 1
Hebreos 9

"Por eso es mediador de un nuevo pacto, para que los llamados reciban la promesa de la herencia eterna, ya que ha ocurrido una muerte que los redime de las transgresiones cometidas bajo el primer pacto."
Hebreos 9:15 (NVI)

Capítulo I

Si necesitas una razón para confiar en Dios ahora mismo, los capítulos uno y nueve de Hebreos te dan una, y es esta: ¡la mayor promesa jamás hecha por Dios ya ha sido cumplida! El regalo más grande que podrías esperar recibir ya fue comprado, pagado y entregado directamente a tu puerta por Jesús.

En los días del Antiguo Pacto, el pueblo de Dios estaba acostumbrado a que Dios les hablara por medio de ángeles y profetas, pero no podían hacer lo que tú y yo podemos hacer tan fácilmente, y que tan a menudo damos por sentado: no podían acceder a Dios ni entrar con confianza en Su presencia, sabiendo que ya estaban limpios de su pecado y, por lo tanto, libres de juicio. Cualquier relación que esperaban tener con Dios tenía que ser por medio de alguien más. Solo un sacerdote podía entrar al lugar donde habitaba la presencia de Dios. No importa cuán cerca quisieran estar de Él, había un velo que los separaba; un velo que se rasgó el día en que Jesús cumplió la promesa de Dios.

Cientos de profecías del Antiguo Testamento apuntan a Jesús. El pueblo de Dios esperaba ansiosamente que Él enviara un Salvador, Uno que nos librara de nuestro propio pecado. Una de mis favoritas está en Jeremías 31:33, *"Pondré*

Mi ley dentro de ellos... y perdonaré su maldad." Dios prometió que Su ley no solo estaría a nuestro alrededor, no solo nos obligaría, sino que habitaría dentro de nosotros para que, por Su gracia, finalmente pudiéramos cumplir sus estándares. En Hebreos 10:16 dice: *"Pondré mis leyes en sus corazones, y las escribiré en sus mentes."* Las profecías se cumplieron en Jesús. Dios cumplió Su promesa.

Si hay una razón por la cual vale la pena esperar, es esta: Dios dio a Su propio Hijo — mayor que ángeles y profetas — para acercarnos a Él y darnos la promesa de vida eterna a Su lado. Esta es la mayor y más excelente promesa que podríamos recibir, y Él ya la cumplió. Fue sellada por la resurrección de Jesús de entre los muertos.

A veces nos enfocamos tanto en esperar promesas terrenales que olvidamos que ya hemos recibido más de lo que podríamos merecer. Deseamos desesperadamente que nuestras circunstancias cambien y comenzar a vivir la vida como imaginamos que debería ser. Y mientras seguimos esperando esas cosas, nuestra verdadera esperanza debe estar en nuestra herencia eterna. Aun si ninguno de nuestros deseos terrenales llega a cumplirse. Esto no es un premio de consolación. Es aquello por lo que los hebreos esperaron durante cientos de años. Muchos de sus antepasados murieron sin experimentar la presencia del Espíritu Santo como nosotros podemos hoy. La gracia y la misericordia que Dios nos da libremente no siempre estuvieron disponibles para Su pueblo de esta manera.

Así que hay razón para regocijarse, incluso cuando parece que toda esperanza se ha perdido. Porque, como dije en capítulos anteriores, Él es la esperanza. Demos gracias a Dios que *"cuando Cristo apareció como sumo sacerdote de los bienes venideros, entonces, a través del más amplio y más perfecto tabernáculo (no hecho por manos, es decir, no de esta creación), entró una vez para siempre en el Lugar Santísimo, no por medio de sangre de machos cabríos y becerros, sino por medio de Su propia sangre, obteniendo así redención eterna"*(Hebreos 9:11 NVI).

Mientras seguimos buscando señales de esperanza, que esto permanezca como lo primero y lo más importante: Dios demostró Su amor por nosotros ofreciendo salvación e intimidad aun cuando todavía éramos pecadores (Romanos 5:8). Si eso no nos convence de que todo es posible, ¿qué lo hará? Quizás es momento de recordarnos que Aquel que es fiel ya cumplió la mayor promesa que jamás nos hizo. ¿Por qué habría de fallarnos ahora?

Hoy, mientras meditas en estas Escrituras, pregúntate:

¿He estado esperando una promesa terrenal con tanta intensidad que he olvidado la promesa eterna que ya me fue dada?

Cuando digo que estoy perdiendo la esperanza, ¿a qué esperanza me refiero? ¿Es el resultado de una circunstancia, o está arraigada en mi herencia eterna?

Si Jesús ya cumplió la mayor promesa que Dios hizo, ¿qué dice eso sobre las promesas que todavía estoy esperando?

Oración:

Amado Dios, gracias por el regalo de Tu Hijo, Jesús. Sé y creo que Su sacrificio limpia mi pecado y abre la puerta a una relación personal contigo. Perdóname por mi pecado y permíteme vivir en la plenitud de la promesa que me has dado. Recuérdame por medio de Tu Espíritu que la mayor promesa ya ha sido cumplida. Ayúdame a regocijarme y a vivir con expectativa y confianza en esta Esperanza.

Capítulo II

Viendo el Arcoíris:
Un recordatorio de que el sufrimiento puede terminar en triunfo

Escritura:
Hebreos 2

"El también compartió esa naturaleza humana para anular, mediante la muerte, al que tiene dominio de la muerte...".
Hebreos 2:14 (NVI)

Capítulo II

Para los espectadores, la muerte de Jesús pudo parecer como una derrota. De hecho, para alguien ajeno a su autoridad sobre la muerte esto le podría parecer como el fin de la historia. Así, como a veces erróneamente pensamos que las decepciones en nuestras vidas son el final, cuando frecuentemente son el comienzo de nuestro capítulo más victorioso. Hemos visto tantas veces en las películas, que cuando el héroe está acelerando el paso, o las cosas están por ponerse buenas- algo les sucede que les hace tropezar. Algo difícil sucede para terminar de manera espectacular, con la idea de que todo marchaba bien en la historia. Cuando se trata de una película, es fácil identificar el catalizador. Hemos visto tantas historias desarrollarse que sabemos, de manera instintiva, que no importa lo que venga en contra de nuestro héroe, él saldrá victorioso. Es más, eso será exactamente lo que le lleve a obtener la mayor victoria que jamás haya tenido. Sabemos que la mayoría de las veces, la película no terminará hasta que el héroe salga victorioso.

Entonces, ¿por qué nos resulta tan difícil creer esto en nuestras vidas? Si Jesús nos enseñó algo es que las derrotas no son siempre el final. De hecho, en el caso de Jesús, como en muchas situaciones en nuestras vidas, lo que parece una derrota, actualmente es el catalizador para nuestra más grande victoria. La muerte no es el final.

El capítulo 2 de Hebreos nos enseña que Jesús necesitó morir para vencer la muerte. De la misma forma que las vacunas usan filamentos de un virus para vencerlo, Jesús venció el poder de la muerte, con la muerte. De no haberlo hecho, nosotros no pudiéramos decir que Él puede superar cada prueba. Por lo tanto, no estaríamos seguros de poder vencer cada prueba. Esto es lo que quiere decir el versículo 10 que *"la salvación fue perfeccionada a través de su sufrimiento"* (traducida del NIV en inglés). Nuestra salvación no está basada en un Salvador que solo vino a vencer algunas cosas por nosotros, sino en un Mesías que venció al más formidable e implacable enemigo: la muerte.

Cuando Él hizo esto, Jesús rompió el poder del enemigo, el rey de la muerte, en nuestras vidas. (Hebreos 2:14 NVI) Y -aquí viene la mejor parte- porque rompió el poder del enemigo, nos liberó del miedo a ser esclavos de la muerte. Esto significa que no tenemos que tener más miedo de enfrentar pruebas y tribulaciones o miedo a ser devorados. En lugar de esto, podemos enfrentarlo valientemente porque sabemos que Jesús prevaleció sobre lo peor de todo.

Si la muerte no pudo detener a Jesús para cumplir su propósito, ¿qué te hace pensar que Él permitirá que las situaciones que estás enfrentado te derroten? Mientras estés vivo, tu enemigo es más pequeño que el enemigo que Jesús venció por ti. Con esto en nuestras mentes, podemos enfrentar la adversidad con una actitud de victoria. Nuestros sufrimientos no nos van a destruir, más bien van a despertar en nosotros el poder de la resurrección de Cristo. Mira lo que dice Pablo en Filipenses 3:8-10

"Y aún más: Considero como pérdida todas las cosas en comparación con lo incomparable que es conocer a Cristo Jesús mi Señor. Por su causa lo he perdido todo y lo tengo por basura a fin de ganar a Cristo y ser hallado en él; sin pretender una justicia más mía, derivada de la ley, sino la que es por fe en Cristo; la justicia que proviene de Dios por la fe. Anhelo conocerlo a él y el poder de su resurrección, y participar en sus padecimientos, para ser semejante a él en su muerte." (RVA-2015)

Pablo comprendió, por revelación del Espíritu Santo, que su sufrimiento no tenía poder para destruirlo, de hecho, fue tan lejos como para considerarlo basura (algo pequeño, tonto e insignificante) a la luz del poder de la resurrección. Él no se está refiriendo a una resurrección física en la cual moriría y regresaría, sino más bien a la habilidad de vencer cualquier circunstancia terrenal y permanecer íntegro para heredar las promesas de Dios, incluyendo la vida eterna.

Mientras lees esto hoy, ¿cuáles situaciones estás enfrentando que sientes están marcando el final de tu historia? Cuando has llorado y sufrido a través de tus dificultades, ¿te parece como si te hubiesen derrotado tus enemigos? Si es así, recuerda que la muerte de Jesús venció TODA muerte.

El experimentó la muerte por todos nosotros (Hebreos 2:9, RVC) y así poder ser el perfecto y completo salvador para cada área de nuestras vidas. Él nos da el poder para vencer la muerte en nuestras finanzas, matrimonios, sueños, mentes y en nuestros cuerpos físicos. De la misma forma que un escritor de guiones o novelas sabe que el sufrimiento soportado por el protagonista de la historia solo hermoseará su victoria, así Dios ha diseñado tu historia para que sea sobresaliente después de haber conquistado tus mayores retos. Al cerrar este capítulo, medita en las promesas del Señor a través de su palabra en 1 Pedro 5:10

"Y después que ustedes hayan sufrido un poco tiempo, Dios mismo, el Dios de toda gracia que los llamó a su gloria eterna en Cristo, los restaurará, y los hará fuertes y estables." (NVI)

Hoy, mientras meditas en estas Escrituras, pregúntate:

¿Cuál parte de mi historia parece haber sido destruida por el sufrimiento o una pérdida?

¿Cuáles victorias puede estar preparando Dios para darte una vez sobrepases estas pruebas?

¿He sido mantenido prisionero por el miedo a la muerte de cualquier área de mi vida?

Oración:

Amado Señor, creo en el poder que tiene Jesús para conquistar la muerte. Creo que él venció a la muerte y su salvación fue hecha perfecta y completa para mí. Creo que solo Tú tienes el poder de ayudarme en lo que estoy enfrentado. Dame las fuerzas para creer en ti en el medio de circunstancias difíciles y para creer que el mismo poder que levantó a Jesús de los muertos vive en mí. Permíteme vivir con esta seguridad mientras enfrento lo que ha por venir.

Capítulo III

El Mayor Enemigo de Tu Promesa:

El Precio de un Corazón Rebelde y Desobediente

Escritura:
Hebreos 3
Hebreos 4: 1-13

"Cuídense, hermanos, de que ninguno de ustedes tenga un corazón pecaminoso e incrédulo que los haga apartarse del Dios vivo."
Hebreos 3:13 (NVI)

Capítulo III

Mientras lees los capítulos 3 y 4 de nuestro texto, tomo algo de tiempo para examinar tu corazón. En estos capítulos, los Hebreos están siendo recordados de su historia y como en el pasado sus ancestros no recibieron las promesas de Dios a causa de la rebeldía en sus corazones. Si esta historia no te es conocida aquí está el resumen:

En Génesis, Dios le promete al Patriarca israelita, Abraham, una tierra para su pueblo. Dios prometió que esta sería una tierra donde prosperarían, establecerían sus raíces y serían libres de persecución como pueblo. Después de años de esclavitud y de vagar por el desierto, Moisés finalmente los estaba dirigiendo hacia Canaán, la tierra prometida por Dios. Sin embargo, cuando Moisés envió a sus hombres a evaluar la tierra, estos no vieron las promesas de la tierra sino los retos. Ellos sintieron miedo de que la gente que habitaba en esta tierra los conquistaran.

A pesar de que Dios les había prometido darles la tierra, ellos no tenían la suficiente fe para creer que podían poseerla. A causa de que no quisieron pelear por ella, tuvieron que vagar por el desierto por cuarenta años. Finalmente, la próxima generación de Hebreos sí pudo habitar esta tierra, pero los hombres que endurecieron su corazón y persistieron en su incredulidad, murieron en el desierto. Ellos no llegaron a ver lo que Dios tenía preparado para ellos. Sus historias concluyeron en el desierto, porque tenían miedo de creer en las promesas de Dios.

Los capítulos 3 y 4 son una advertencia para que no cometamos el mismo error. Ves, así como los Israelitas perdieron entrar la tierra prometida a causa de negarse a creer que Dios podía darles la victoria, ellos, en el tiempo en que el libro de los Hebreos fue escrito, estaban en peligro de perder su Salvación por negarse a creer en Cristo. De esta misma forma, muchos de nosotros podemos estar en peligro de no recibir las promesas de Dios, para nuestras vidas, porque nosotros también tenemos un corazón duro y rebelde. Cada uno de nosotros tendremos momentos en nuestras vidas donde no vamos a saber qué hacer para agradar a Dios, pero tenemos miedo o no estamos dispuestos a obedecer. Es más fácil endurecer nuestro corazón y actuar como si sabemos mejor que Dios.

Desafortunadamente, algunos de nosotros nunca sabremos las bendiciones que tenemos retenidas cuando hacemos esto. Tanta gente pierde la oportunidad de cumplir su propósito porque tenían mucho miedo de dar un paso de fe y comenzar a construir lo que Dios puso en sus corazones. Otros perderán la oportunidad de tener un matrimonio feliz por haber endurecido sus corazones cuando Dios les dijo que 'esa' relación no era la mejor para ellos.

Cuando repaso mis mayores dificultades, veo claramente la

huella de Dios en los momentos en los que decidí obedecer, cuando la obediencia parecía no tener sentido. La obediencia es, en sí misma, un acto de esperanza. A través de la obediencia demostramos que, de hecho, creemos que Dios cumple su palabra y hace su parte, y como respuesta, nosotros hacemos la nuestra. Es una elección creer que si Dios te está guiando hacia algo, por difícil que sea, es porque es lo mejor para ti. Como pronto leerás en Hebreos 12, Jesús es el autor y el consumador de nuestras historias. La obediencia significa elegir creer que todo lo que Él nos pide, lo pide porque ha visto dónde encaja perfectamente ese paso más adelante.

Una de las historias más claras que tengo sobre esto ocurrió mientras escribía otro de mis libros, «Gozo: más que una emoción, un fruto del Espíritu». En el momento de escribir ese libro, estaba lidiando mucho con la infertilidad. Ya había tenido dos abortos espontáneos, con años de no poder concebir entre ellos. Hacía todo lo posible por mantener la esperanza y, en una conversación con Dios, hice lo que consideré una promesa al estilo de Ana. Como recordarán, Ana prometió a Dios que, si tenía un hijo, lo dedicaría a Él. En mi caso, prometí al Señor que, si me daba un bebé, escribiría un libro sobre todo lo que había aprendido en esa etapa.

Para mi sorpresa, sentí que el Espíritu Santo me susurraba algo así como: «¿Por qué no escribes sobre ello ahora?». La perspectiva me asustaba. Sentí que sería vergonzoso para mí escribir sobre la alegría sabiendo muy bien que no me sentía alegre. Me parecía fraudulento, y la idea de que se supiera y todos se dieran cuenta de que no solo era infértil, sino también una farsante, me aterrorizaba. Pero ese sentimiento no desaparecía, y sabía que era algo que Dios quería que hiciera. Me puse a trabajar y escribí el libro.

Mirando atrás, puedo ver por qué Dios me hizo escribir «Gozo» en ese momento. El mensaje principal del libro es que no hay que esperar a que cambien las circunstancias para dar gracias a Dios. Una ofrenda de obediencia es mucho más valioso cuando lo único que tienes es una palabra de Dios, sin pruebas ni evidencias. Cuando se publicó el libro y recibí los primeros ejemplares, volví a oír una voz suave y dulce que me decía: «Ve a hacerte una prueba de embarazo». Fue entonces cuando descubrí que estaba embarazada de mi primer hijo, Levi. Dios sabía, cuando me pidió que diera ese paso de fe, que al final no estaría fuera de lugar y no sería motivo de vergüenza. Él sabía que era parte de la historia, y me alegro de haberle dejado hacer lo que mejor sabe hacer: sorprenderme con su bondad.

Hoy, mientras meditas en estas Escrituras, pregúntate:

¿Me ha dado Dios alguna orden que no estoy dispuesto a obedecer?

____

____

____

____

¿Cuál parte de mi historia puede peligrar a causa de mi incredulidad/ falta de fe?

____

____

____

____

¿He endurecido mi corazón en vez de escuchar lo que Dios me está tratando de decir?

____

____

____

____

Oración:

Dios, hoy te entrego todas las áreas de mi vida que no te he entregado. Abro mi corazón y lo ablando a tu guía y dirección. Perdóname si he sido rebelde a tu instrucción. Perdóname si me he negado a creer en tus promesas para mí. Dame el valor para actuar en fe y poseer tus promesas, aun si esto requiere sacrificio.

Capítulo IV

La Promesa de Gracia:
Acercándonos con valentía ante un Dios bueno

Escritura:
Hebreos 4:14-16
Hebreos 5

"Porque no tenemos un sumo sacerdote incapaz de compadecerse de nuestras debilidades, sino uno que ha sido tentado en todo de la misma manera que nosotros..."
Hebreos 4:15 (NVI)

Capítulo IV

El texto de estos capítulos profundiza en uno de los aspectos más singulares e importantes del cristianismo: la humanidad y la compasión de Jesús, un Salvador que puede empatizar completamente con nuestras fallas y tentaciones. Esto desafía la lógica y la experiencia humanas, porque nuestro razonamiento imperfecto nos dice que tenemos que elegir entre dos opciones: un Dios poderoso y perfecto, o un Dios bueno, gentil y misericordioso. Pero nuestro Dios es ambas cosas.

El versículo 16 del capítulo 4 nos dice que podemos acercarnos al trono de la gracia de Dios con confianza porque recibiremos misericordia y gracia. En teoría, eso puede parecer bastante sencillo. Sin embargo, en realidad, ¿qué tan seguros estamos realmente cuando se trata de presentarnos ante el trono de Dios? No importa lo que digamos en voz alta, o lo que se vea bien como frase en nuestra taza favorita, la verdad es que cuando estás luchando, es difícil recordar que el trono de Dios es un lugar de gracia.

Al igual que los hebreos, podemos caer en la expectativa de encontrar a un Dios soberano, poderoso y algo aterrador sentado en ese trono. Antes de Jesús, el pueblo ni siquiera podía ir por sí mismo. Los sacerdotes entraban en el santuario interior para expiar los pecados del pueblo. Y como los hebreos no tenían precisamente el mejor historial con Dios, era difícil predecir si recibirían juicio o misericordia. Aún no habían comprendido la plenitud del regalo que Jesús les había dado (y nos había dado) en la cruz, el regalo del perdón total. No el perdón de cada uno de nuestros pecados uno por uno, sino el perdón para siempre, para que pudiéramos estar seguros de que cuando nos presentáramos ante el trono de Dios, ahora (y para siempre) sería un lugar donde encontrar misericordia y gracia.

Ese tipo de incertidumbre al acercarse a Dios es parte de la razón por la que a los hebreos les costaba tanto creer que Él era fiel. Si piensas en cualquier figura de autoridad que hayas tenido, normalmente era así: cuanto más difícil era conocerla, menos confiabas en ella. Cuanto menos confiabas en ella, más difícil era acercarte a ella y, más allá de eso, obedecerla. Ya fuera una figura paterna, materna o un maestro, cuando alguien a nuestro alrededor tenía poder sobre nosotros pero no cercanía, nos sentíamos inseguros.

¿Podría ser esta la razón por la que a veces nos cuesta tanto confiar en las promesas de Dios? Muchos de nosotros, como los hebreos, estamos muy familiarizados con la ley, la religión y las enseñanzas sobre el juicio de Dios. Pero las personas religiosas han hecho un muy mal trabajo a lo largo de los años al enseñar la misericordia y la gracia. Cuando te equivocas, siempre parece que las personas que deberían guiarte al trono son, en realidad, las primeras en advertirte sobre lo que encontrarás allí. Cuando, en realidad, Dios hizo lo contrario. No utilizó la perfección de Jesús para hacer su trono menos accesible y sus normas más imposibles de cumplir. El capítulo 5 de Hebreos nos enseña que Él hizo a Jesús humano a propósito para que pudiera entendernos y tratarnos con delicadeza.

Esto nos enseña, en primer lugar, que Dios es seguro. El capítulo 5, versículo 8, dice que Jesús, *«una vez perfeccionado, se convirtió en la fuente de la salvación eterna para todos los que obedecen»*. Él envió a Jesús para que ya no tuviéramos que adivinar si el castigo estaba por llegar. Podemos estar seguros de que recibimos gracia, misericordia y gentileza. Él es un Dios accesible y, por lo tanto, un Padre confiable. No tenemos que tener miedo cuando fallamos, porque Él quiere que corramos hacia Él (incluso cuando sabemos que hemos metido la pata) para que Él pueda arreglarlo. Ha convertido su trono en un refugio seguro, no en una celda de prisión. Si realmente entendiéramos eso, seríamos más propensos a correr hacia Él cuando fallamos, en lugar de huir.

Además, como Él es seguro, también es digno de nuestra confianza. Envió a Jesús para expiar nuestros pecados, no solo para que pudiéramos acercarnos a Él, sino también para que creyéramos en Él. Se aseguró de que, cuando pensáramos en Él, viéramos algo más que un «papá» enojado con un cinturón en la mano. En realidad, Él es un Padre tan amoroso que envió a Su Hijo para que caminara con nosotros y, en última instancia, nos mostrara el camino de regreso a Él.

Hoy, mientras meditas en estas Escrituras, pregúntate:

¿Veo al trono de Dios como un lugar de misericordia y gracia? O, ¿he sentido miedo de acercarme cuando estoy siendo tentado o en necesidad?

¿Cómo comprender que Jesús es la fuente eterna de salvación cambia la manera en que veo al pecado? ¿Cómo esto puede cambiar mi relación con Dios?

¿Cómo puedo crear el hábito de ir ante el trono de la gracia cada vez que lo necesite y no solo de vez en cuando?

Oración:

Jesús, gracias por el sacrificio que abrió el trono de la gracia para mí. Gracias por comprenderme, por ser compasivo y amoroso conmigo. Enséñame, oh Dios, a entrar con confianza ante el trono de la gracia. Enséñame a no tener miedo, ni a esconderme cuando estoy siendo tentado, más bien a acercarme a ti- mi fuente eterna de salvación.

Capítulo V

Firme y Seguro:
Cómo la esperanza nos impide ahogarnos en la desesperación

Escritura:
Hebreos 5:11-14
Hebreos 6
Hebreos 10

"Tenemos como firme y segura ancla del alma una esperanza..."
Hebreos 6:19 (NVI)

Capítulo V

La única vez que casi me ahogo no fue porque me sintiera valiente. Yo era una niña cautelosa. Me sentía perfectamente bien quedándome donde podía sentir la arena cálida bajo mis pies y ver a mi mamáa una distancia segura. Mi hermano y mis primos se arriesgaban, adentrándose un poco más en el agua, pero, sinceramente, ese nunca ha sido mi estilo. El objetivo principal de aquella niña de siete años con el pelo revuelto en la playa de Miami era refrescarse sin moverse del sitio en el que estaba, donde el agua le llegaba por la cintura. Parece fácil, ¿verdad? Yo también lo creía. ¿Cómo iba a saber que en Florida las corrientes hacen que sea casi imposible permanecer quieto? Mientras miraba al cielo y soñaba despierta, la marea me arrastraba centímetro a centímetro, y yo no me daba cuenta.

De un momento a otro, el agua que me llegaba a la cintura me llegaba al pecho y luego al cuello. Recuerdo que intenté dar media vuelta, pero el suelo que estaba allí un segundo antes había desaparecido. Pataleé violentamente, pero mi cabeza se sumergió. Pensé: «No pasa nada, solo tengo que nadar para volver». Sabía nadar bien. Pero por mucho que nadara, la corriente me alejaba de la orilla. Al final, había gastado tanta energía intentando llegar a la orilla que me cansé. Y ahí fue cuando se volvió realmente peligroso. Sabía, incluso siendo una niña, que si me cansaba lo suficiente, me sumergiría bajo las olas y eso sería el fin. Gracias a Dios, justo antes de rendirme a las olas, sentí que alguien me agarraba del brazo y me levantaba para que pudiera tomar un respiro muy necesario. Mi papá me levantó y me llevó a la orilla, donde estaba a salvo.

Esta historia me vino a la mente cuando pensé en la esperanza como un ancla para el alma. Porque, como aprendí ese día en la playa, no solo nadar puede agotar tu energía o desviarte del camino. A veces, tratar de mantenerte firme y constante cuando la corriente te envuelve requiere aún más energía. Al nadar, y en la vida, si no tienes nada que te ancle, los cambios graduales pasarán desapercibidos hasta que superen lo que puedes soportar.

Por eso los barcos necesitan un ancla. Porque aunque apaguen sus motores, decididos a detenerse, las olas dirán lo contrario, y se desviarán a menos que estén asegurados. Cuando esperamos una promesa, esto es un peligro real. Aunque hayas decidido esperar a que Dios haga lo que dijo que haría, las circunstancias tienen una forma de empujarte lentamente y, finalmente, agotarte.

El autor de Hebreos lo sabía y vio que el pueblo hebreo necesitaba una advertencia. En los capítulos 6 y 10, les advierte que no se alejen de la verdad que han recibido. Les advierte, más de una vez, que se aferren a la esperanza para mantenerse firmes, sabiendo que dejarse llevar no es algo que se haga a propósito. Más bien, nos dejamos llevar cuando no nos aseguramos intencionalmente de estar anclados.

La esperanza es ese ancla cuando sentimos que hemos esperado y nos hemos ido acercando cada vez más a la desesperación. Debemos, como dice Hebreos 10:23, «afirmarnos en la esperanza» para mantenernos firmes en lo que sabemos que es verdad; en la fidelidad de Dios.

En mis épocas de pérdida y duda, he visto que la marea a menudo viene en forma de pensamientos. Sin darte cuenta, puedes volverte más duro y frío, más dudoso, un pensamiento tras otro. El libro de Santiago también habla de esto. En Santiago 1:6, la Palabra nos advierte que no dudemos, porque «el que duda es como una ola del mar, que es llevada y agitada por el viento».

Entonces, ¿cómo usamos este ancla de esperanza? ¿Cómo podemos evitar que la duda y el desánimo nos alejen de nuestras promesas? Hebreos 6 y 10 nos dan algunas pistas. Releamos estos dos versículos de nuestro texto:

«Queremos que cada uno de ustedes muestre esta misma diligencia hasta el final, para que lo que esperan se cumpla plenamente. No queremos que se vuelvan perezosos, sino que imiten a aquellos que, mediante la fe y la paciencia, heredan lo que se les ha prometido».
Hebreos 6:11-12 (NVI)

«Por lo tanto, no descarten su confianza, que tiene una gran recompensa. Porque necesitan perseverancia, para que, después de haber hecho la voluntad de Dios, reciban lo que se les ha prometido».
Hebreos 10:35-36 (ESV)

Las dos palabras que quiero destacar en estos versículos son **diligencia** y **perseverancia**. El primer versículo nos recuerda que la diligencia hasta el final traerá la plena realización de lo que esperamos. La diligencia hace que la esperanza madure y se complete. En el segundo versículo, se nos recuerda que es nuestra elección no desechar nuestra confianza. En cambio, si perseveramos, recibiremos lo prometido. Lo interesante es que tanto la diligencia como la perseverancia son acciones intencionales que debemos proponernos hacer a propósito. Las decisiones de no desechar nuestra confianza, de aferrarnos inquebrantablemente a la esperanza y, como nos enseñó Santiago, de no dudar, también nos corresponden a nosotros. La mente divaga naturalmente y, debido a nuestra naturaleza pecaminosa, la esperanza se deteriora. Somos nosotros quienes debemos seguir manteniéndonos firmes con diligencia.

En un sentido práctico, esto significa volver nuestros pensamientos hacia la esperanza y elegir creer que Él es fiel cuando surgen preguntas. Significa imitar a aquellos que han heredado lo que estamos esperando, específicamente la fe y la paciencia que demostraron. Significa perseverar y hacer la voluntad de Dios, ya sea que coincida con la nuestra o no, sabiendo que son aquellos que hacen Su voluntad los que reciben lo prometido.

Debemos recordar que la esperanza no es algo que aparece milagrosamente en los corazones de unos pocos afortunados. Es algo que, como un niño atrapado en una corriente marina, debe ser agarrado deliberada y repetidamente, y no soltado.

Mientras meditas en las Escrituras, pregúntate:

¿En qué aspectos de mi vida he estado «estancado», pero a la vez derivando lentamente sin darme cuenta?

¿Qué pequeños cambios graduales han estado ocurriendo en mis pensamientos, creencias o expectativas?

Mientras meditas en las Escrituras, pregúntate:

¿Qué corrientes tienden a agotarme más mientras espero en Dios: la duda, la comparación, la decepción, la demora, el miedo? ¿Cómo se manifiestan estas en mi diálogo interno?

¿Cómo serían la diligencia y la perseverancia en mi situación actual? ¿Qué acción específica e intencionada puedo llevar a cabo esta semana para «mantenerme firme» en la esperanza?

Oración:

Padre, gracias por ser fiel incluso cuando las corrientes a mi alrededor se sienten fuertes. Cuando mis pensamientos comienzan a desviarse y mis fuerzas empiezan a desvanecerse, ancla mi alma en la esperanza de tus promesas. Dame diligencia para seguir apareciendo y resistencia para aferrarme inquebrantablemente a lo que has dicho. Enséñame a llevar mi mente de vuelta a la verdad y a confiar en que Tú estás obrando, incluso cuando no puedo verlo. Hoy elijo no desechar mi confianza, sino permanecer anclado en Ti.

Capítulo VI

Mi Promesa es Una Persona

Escritura:
Hebreos 7
Hebreos 8

"Por eso también [Jesus] puede salvar por completo a los que por medio de él se acercan a Dios, ya que vive siempre para interceder por ellos. Nos convenía tener un sumo sacerdote así: santo, irreprochable, puro, apartado de los pecadores y exaltado sobre los cielos."
Hebreos 7:25-27 (NVI)

Capítulo VI

Si hoy vas a resaltar algo en tu Biblia, que sean estas dos palabras: VIVE SIEMPRE. Porque estas palabras aseguran que las promesas de Dios son más que fantasías o ilusiones. Jesús está vivo: su sacerdocio y su sacrificio por nuestros pecados no fueron acontecimientos únicos del pasado, carentes de relevancia. Nuestro sumo sacerdote intercede constantemente por nosotros ante el Padre. Otra razón más por la que podemos confiar en las promesas de Dios es que Él mismo estableció a Jesús, nuestro abogado, a la diestra de Su trono para garantizar que Sus promesas se cumplan.

Una vez más, nuestro Padre muestra Su máxima fiabilidad al darse a Sí mismo un recordatorio. Este es Su hijo, alguien con tanta autoridad e integridad como Él mismo. Este es quien aboga por ti. Este es quien te fortalece y te da poder mientras esperas. Nuestra esperanza no descansa en algo muerto y desaparecido. Nuestra esperanza es segura porque la promesa es una persona: Jesús.

Dios sabía que el sacerdocio levítico nunca podría salvarnos por completo. Al fin y al cabo, los sacerdotes levíticos eran hombres que actuaban de acuerdo con la ley y la religión. Él prometió —y cumplió— un sacerdote eterno, para que todo lo que nos separaba de Él fuera vencido de una vez por todas. Prometió un salvador porque sabía que, a través de la salvación, todas las demás promesas se harían posibles. Este sumo sacerdote es más grande que todos los demás. Sirve en un tabernáculo construido por el Señor, no por el hombre; no imagina ni simboliza el trono de Dios. Él es el trono de Dios. Jesús puede darnos un acceso que ningún otro sacerdote puede darnos, porque ÉL tiene un acceso que ningún otro sacerdote tiene.

Debido a que Él es el hijo de Dios, y no hay nadie más grande que Él, se convirtió en el sumo sacerdote más elevado, y el único por el que necesitamos pasar para obtener una relación con el Padre. 1 Timoteo 2:5-6 lo expresa perfectamente:

«Porque hay un solo Dios y un solo mediador entre Dios y los hombres, Jesucristo hombre, el cual dio su vida en rescate por todos». (Nueva Traducción Viviente)

En lugar de ser un sacerdote del orden de los levitas, Jesús es un sacerdote del orden de Melquisedec. Esto fue prometido a través de la profecía en los Salmos. Melquisedec fue establecido como mayor que Abraham (un sacerdote levítico). Melquisedec significa Rey de Justicia. También era Rey de Salem, lo que lo convertía en el «Rey de la Paz». No hay registros de su linaje ni de su muerte, como si no tuviera principio ni fin. Por eso su sacerdocio es como el de Jesús: no tiene principio ni fin. Él reina como nuestro rey de justicia para siempre.

Romanos 5:10 nos enseña que antes éramos enemigos de Dios por nuestro pecado y desobediencia, pero que a través de Cristo hemos sido reconciliados. Creo que todos podemos identificarnos con la sensación de estar tan lejos de Dios que nos preguntamos si alguna vez podremos encontrar el camino de regreso. Los capítulos 7 y 8 de Hebreos nos muestran que debemos comenzar con Jesús. Él es el sumo sacerdote que es más grande que cualquier religión terrenal o institución creada por el hombre. Cuando ponemos nuestros pecados a los pies de Jesús, él está con nosotros en el trono de la gracia, habiéndolos perdonado ya, ayudándonos a obtener gracia y misericordia.

Mientras meditas en las Escrituras, pregúntate:

¿Cómo Hebreos, en los capítulos 7-8, me ayudan a comprender que Jesús es capaz de salvar completamente sin importar que tan grande parezca mis pecados?

Oración:

Señor, vengo a ti hoy sabiendo que Jesús ya se presentó antes que yo, y que Él, como mi sumo sacerdote, es el sacrificio por mis pecados. Por esta razón, entro con confianza, sabiendo que mi camino al Padre está abierto y limpio. Te pido Señor, que me ayudes a recordar que no existe algún pecado que Jesús no pueda salvarme de. Mientras los hombres no pueden hacerlo, el Hijo de Dios, mediador entre tú y yo si puede y si lo hará. En el nombre de Jesús, AMÉN.

Capítulo VII

Cuando la esperanza se convierte en certeza:

Aprender a construir cimientos de fe

Escritura:
Hebreos 11

«Ahora bien, la fe es la sustancia de lo que se espera, la convicción de lo que no se ve. Porque por ella los de antaño recibieron su aprobación...»
Hebreos 11:1 (NVI)

"Y ahora permanecen estas tres cosas: la fe, la esperanza y el amor."
1 Corintios 13:13 (NVI)

Capítulo VII

Si hay algo que hemos aprendido de este estudio y del libro de Hebreos, es que la esperanza, esa capacidad que Dios nos ha dado para imaginar lo que podría suceder si la Palabra de Dios es verdadera, es la brasa que nos impide enfriarnos mientras esperamos heredar nuestras promesas. Sin embargo, la esperanza es solo la chispa, la semilla de lo que debería llegar a ser. La esperanza nos rescata de la desesperación, haciéndonos levantar la vista y ver un arcoíris. Pero cuando madura por completo, la esperanza se convierte en fe.

La fe es la sustancia, la materialización de la esperanza. Es cuando esa pequeña chispa recibe aliento y se alimenta de la Palabra de Dios, y se convierte en un fuego que consume todas las dudas a su paso. La fe es más fuerte y más segura que la esperanza y, por lo tanto, capaz de actuar. Como dice Hebreos 11:1, es por la fe que nuestros antepasados recibieron su elogio. Sabemos que cualquier bebé sano debe crecer y madurar y empezar a correr riesgos, abrir nuevos caminos e incluso cometer errores para cumplir su propósito. Del mismo modo, la esperanza que no se convierte en fe se atrofia. Si bien la esperanza es importante como base o fundamento de la fe, debe convertirse en fe para que aquellos de nosotros que creemos podamos heredar nuestras promesas.

Santiago 2:26 dice: *«Porque así como el cuerpo sin espíritu está muerto, así también la fe sin obras está muerta»*. La evidencia de que tu esperanza se ha convertido en fe es tu capacidad para trabajar en pos de lo que crees que Dios puede hacer. Bill Johnson lo expresó una vez de esta manera, y se me quedó grabado: «¿Qué estás dispuesto a hacer para colaborar con la palabra que Dios te dio? ¿Qué acciones puedes tomar para convertirte en un participante activo, en lugar de un espectador pasivo?».

Hebreos 11 enumera más de una docena de personas y más de 28 verbos que demuestran su fe basada en su confianza en Dios. Al leerlo, aprendes que por fe Abel trajo, Noé construyó y Abraham fue. Vemos que la fe se demuestra a través de la acción. No se trata simplemente de saber que Dios es fiel, sino de estar tan convencido de ello que estás dispuesto a hacer lo que parece imposible. Es la certeza de que Dios cumplirá su parte del trato.

Una y otra vez en este libro, hemos destacado la naturaleza pactada de Dios. También debemos recordar que cuando Él nos pide algo, es porque Él también tiene algo que aportar. Lo que Él aporta es siempre más de lo que nosotros podríamos hacer por nosotros mismos. Como aprendemos en nuestro texto, sin fe es imposible agradar a Dios, porque es la fe la que nos permite vivir como si Él no solo existiera, sino que también recompensara los sacrificios, la espera y la creencia inquebrantable que acompañan a los que creen.

Hebreos 11 reitera una frase de una parte anterior del texto, que he utilizado como piedra angular de este libro: «El que prometió es fiel». Solo que esta vez, vincula esta frase a la historia de alguien, haciéndola personal. Hebreos 11:11 dice:

«Por la fe, incluso Sara, que ya había pasado la edad de tener hijos, pudo tenerlos porque consideró fiel al que había hecho la promesa».

Me encanta que fuera Sara, una mujer que creía en algo tan natural, y que algunos considerarían tan pequeño- el poder tener hijos - la elegida para ejemplificar este concepto. Sara tenía una confianza tan profunda en el carácter de Dios que fue capaz de hacer lo que para ella era imposible. Ella nos recuerda que somos capaces porque creemos; no creemos porque nos sentimos capaces.

Ser capaz gracias a su fe significaba que Sara tenía que intentarlo. Tenía que reunir fuerzas y dar los pasos necesarios no solo para concebir un hijo, sino también para llevarlo a término en su cuerpo envejecido y frágil, en una época en la que no existía la atención prenatal. Sara tenía que despertarse cada día, mientras su vientre se hacía más pesado y el miedo al parto se acercaba, y creer. Y al creer, se le concedió la capacidad. Al perseverar, se le concedió la fuerza y la capacidad.

Así que, amiga mía, como nos exhorta Hebreos, imitemos la fe de estos hombres y mujeres de Dios. Al igual que Sara, avivemos el fuego de nuestra esperanza y dejemos que se convierta en llamas, creyendo con tanta certeza que tomemos medidas que solo pueden nacer de la convicción. Asociémonos con las palabras que Dios nos ha dado y los sueños que ha puesto en nuestros corazones. **¿Qué pasos puedes dar hoy?**

Hoy, mientras meditas en estas Escrituras, pregúntate:

¿Qué temo HACER para mostrar mi fe?

____

____

____

____

____

¿Qué ha prometido Dios cumplir si yo hago mi parte del pacto?

____

____

____

____

____

¿Qué parte de mi historia espera mi acción?

____

____

____

____

____

Oración:

Señor, ¡dame una fe más fuerte! Aumenta mi confianza en ti. Yo se que Tu eres fiel. Ayúdame a ver más allá de mis ojos físicos y a estar seguro de lo que me has prometido. Dame el valor de mostrar mi fe con mis actos.

Capítulo VIII

Él CUMPLIRÁ la promesa

Escritura:
Hebreos 12
Hebreos 13

"Por tanto, también nosotros, que estamos rodeados de una multitud tan grande de testigos, despojémonos del lastre que nos estorba, en especial del pecado que nos asedia, y corramos con perseverancia la carrera que tenemos por delante. Fijemos la mirada en Jesús, el iniciador y perfeccionador de nuestra fe, quien, por el gozo que le esperaba, soportó la cruz, menospreciando la vergüenza que ella significaba, y ahora está sentado a la derecha del trono de Dios."

Hebreos 12:1-2 (NVI)

Capítulo VIII

Estos versículos nos muestran que Jesús no solo es el autor, el creador y el diseñador de nuestra fe, sino que también es quien la perfecciona. En algunas versiones se dice que Él es quien «la lleva a cabo». Esto significa que se nos promete, como dice en Filipenses 1:6, que aquel que comenzó en nosotros la buena obra no la abandonará a mitad de camino. Jesús es tanto el autor como el que la lleva a cabo, el que perfecciona nuestras promesas. Él la llevará a cabo hasta que esté completa. Uno de los significados de la palabra «perfeccionador» en este versículo es plenitud. Nos recuerda que nuestras historias no terminan hasta que todo lo que hay que decir, hacer y proporcionar se haya cumplido. Como cualquier buen autor, Él sabe hacia dónde quiere que vaya esta historia, y se asegurará de que llegue allí.

Sabemos que Él es fiel. Y esa fidelidad es la capacidad de seguir apareciendo y haciendo el trabajo, no hasta que ya no desees hacerlo, sino hasta que el trabajo esté hecho y Aquel que lo encargó esté satisfecho. Sabemos entonces que Jesús seguirá amándonos, edificándonos, enseñándonos y moldeándonos hasta que Su obra en nosotros satisfaga al Padre. Y no hay nadie mejor para hacerlo, porque Él ya nos ha dado el ejemplo. Jesús corrió su carrera. Soportó el dolor, la decepción y la espera, pero se mantuvo enfocado en la promesa: el gozo que le esperaba. Como ya hemos aprendido, Él es nuestra promesa. Por lo tanto, en nuestro caso, debemos mantener nuestros ojos fijos en Él. Con resistencia y persistencia activa, podemos mirar hacia nuestro arcoíris, con la seguridad de que si no hemos visto el cumplimiento de nuestra promesa, es porque el autor todavía está escribiendo la historia.

En el último capítulo aprendimos que la fe es poder vivir y actuar con la certeza de lo que esperamos. Jesús personificó esto cuando fue capaz de sacrificarse en la cruz por la certeza de un gozo que le esperaba. Esta es la actitud que se necesita para llegar al final feliz de su historia. Si también queremos tener esta actitud, debemos ser capaces, como Jesús, de apartar las distracciones, el pecado y cualquier peso innecesario que nos enrede. Debemos ser capaces de sacrificar nuestra comodidad actual para experimentar la victoria.

Mi oración por ustedes, al terminar nuestro tiempo juntos, es que terminen con fuerza. Oro para que sean capaces de soportar lo que están enfrentando en este momento presente de la misma manera que Jesús soportó la cruz: con los ojos fijos en el gozo que le esperaba. Como alguien que ha soportado muchas pruebas de fe, puedo decirles: siempre hay gozo por delante. Incluso cuando estén en lo más bajo, el autor de su historia ya ha escrito un giro triunfal en la trama, si son capaces de soportarlo.

Creo que han completado este estudio de Hebreos por una razón. Creo que el Señor nos ha conectado para que se sientan animados a «despojarse de todo peso y del pecado que tan fácilmente los enreda», y a fijar con firmeza sus ojos en Jesús incluso después de que este estudio haya terminado. Quiero animarte a que te arrepientas de cualquier pecado que te haya estado enredando. Espero que después vayas más allá y te ancles a Jesús a través de Su Palabra, y continúes utilizando estudios como este para acercarte a Él, como discutimos en capítulos anteriores. Espero que no descuides la adoración colectiva, como se nos anima a no hacer en Hebreos 10, y que encuentres una iglesia sólida y llena de fe en la que seguir creciendo y a la que asistir fielmente.

Por último, espero que este estudio te haya dado una razón para seguir aferrándote a la esperanza. Aunque el mundo siempre te dará miles de razones para rendirte, solo hace falta una razón para que sigas aguantando: que Aquel que prometió es fiel. Así que, si han estado creyendo en algo ridículo, loco y tal vez incluso vergonzoso, espero que sigan teniendo esperanza. Incluso si ven un cielo lleno de nubes, e incluso cuando nadie más puede distinguir las tenues líneas en el cielo, espero que sigan confiando, porque ustedes pueden verlo: ese arcoíris que les asegura que lo que vivieron una vez no determina lo que está por venir. Ese arcoíris llamado Jesús.

"Recordaré mi pacto entre tu y yo"
-Dios
(Génesis 9:15)

ACERCA DEL AUTOR

Vanessa Gracia Cruz vive y pastorea junto a su familia en Segadores de Vida, la iglesia fundada por su padre. Es la fundadora de Maven House, un movimiento de discipulado para mujeres que desean profundizar en su relación con Dios y descubrir la belleza de la comunión con el Espíritu Santo en el ámbito del hogar, la maternidad y la feminidad bíblica.

Vanessa también es la fundadora de Maven House Publishing, una editorial creada para amplificar las voces de las hijas de Dios y ayudar a dar vida a sus historias y mensajes. Es autora de múltiples libros y de estudios bíblicos centrados en la fe, la esperanza y las promesas de Dios.

Después de atravesar temporadas de dolor, infertilidad y pérdida antes de dar la bienvenida a sus cuatro bebés milagrosos, Vanessa ahora viaja y ministra a mujeres de todo el mundo, animándolas a no perder la esperanza y recordándoles que el Dios que promete es siempre fiel.

Vive en el sur de Florida con su esposo y sus cuatro hijos.

Más información Sobre Maven House Publishing

Maven House Publishing es una extensión del Movimiento Maven House, con el propósito de dar vida a historias inspiradas por El Espíritu Santo. Maven en hebreo significa "Aquel que entiende". Maven House es una comunidad de mujeres que buscan crecer en su comprensión de Dios y el mundo y, como parte de ese crecimiento, compartir sus historias.

Nuestra visión es llevar al mundo la historia que Dios te ha dado desde tu corazón. Nos asociamos con autores principiantes y recurrentes para completar sus trabajos, editar, publicar e imprimir su obra maestra escrita. Si está listo para compartir la historia que Dios ha puesto en usted, ¡comuníquese con nuestro equipo hoy!

El Movimiento Maven House

Maven House, fue fundado por Vanessa Gracia Cruz en 2021, como una comunidad de mujeres multi-apasionadas, con una pasión de alcanzar su máximo potencial en Cristo. Una Maven es una experta con conocimiento y experiencia en un área, la cual ha sido obtenida de manera informal. En Maven House, creemos en poner las herramientas directamente en las manos de la mujer que desea encabezar su propio desarrollo personal y liderazgo. El movimiento de Maven House se trata de inspirar a la mujer a descubrir su identidad verdadera y aprender a utilizar sus talentos dados por Dios para edificar el Reino de Dios. La plataforma de Maven House ofrece cursos, estudios bíblicos, recursos, apoyo mensual y una comunidad de mujeres. A través de la membresía en esta comunidad, pueden buscar consejo, desarrollar ideas, asistir a eventos y disfrutar del acceso a una amplia red de contactos; todos con la visión de empoderar y conectar a mujeres de Dios.

Made in the USA
Coppell, TX
09 May 2026

76894805R00056